Aprende a ser Bilingüe
En casa y en el cole

Rocío Trujillo

Saralejandría
ediciones

Del texto:
Rocío Trujillo Tovar

De la presente edición:
Grupo Sar Alejandría S.L

Perfil profesional:
@roeducacion

Edita:
Saralejandría Ediciones

Diseño de edición:
Elena Torres Andrés

ISBN: 978-84-10105-50-8
Depósito Legal: CS 675-2024

A mi gran apoyo, a mi confidente y a mi compañero de aventuras.

Gracias por estar en cada paso que doy.

INDICE

INTRODUCCIÓN

Como gran aficionada que soy del inglés, quiero aportar mi granito de arena en el tema del bilingüismo teniendo en cuenta este idioma junto al español. Sin embargo, este libro no va sobre la teoría del bilingüismo ni de sus orígenes, sino de cómo aplicarlo durante las etapas escolares y no perderlo una vez acabado el periodo de Educación Primaria.

Hablaremos de las destrezas necesarias para poder adquirir y emplear los conocimientos, de cómo fomentarlo en clase de manera que nuestros alumnos lleguen a su máximo potencial y cómo seguir con ello en casa de modo que esos conocimientos no se pierdan por el camino. Además, el libro también cuenta con una gran cantidad de recursos descargables e ideas tanto para el aula como para casa.

Espero de corazón que os sea realmente útil y que, en caso de tenerlo, perdáis el miedo al bilingüismo. De una u otra manera, todos lo estamos haciendo bien y dejando huella en esos corazones que se cruzan por nuestros caminos. Ojalá os guste.

EL BILINGÜISMO

QUÉ ES EL BILINGÜISMO. INTRODUCCIÓN A CLIL

El bilingüismo no es dar la clase totalmente en inglés sin tener en cuenta las necesidades de los alumnos. Siempre va a haber algún alumno al que le cueste más, y el hecho de que toda la clase sea en inglés le puede desmotivar o incluso generar malestar. Ese no es el objetivo. El objetivo debe ser hacer que cada alumno disfrute de esos minutos, que estén involucrados en su propio aprendizaje y, sobre todo, que se lo pasen bien mientras adquieren nuevos conocimientos.

El bilingüismo tampoco es traducir. Obviamente, hay que conocer los significados en ambos idiomas, pero la idea es tener los conceptos en los dos idiomas, no traducir palabra por palabra. No sirve de nada dar, por ejemplo, el tema de La Revolución Francesa en inglés y luego dar el mismo temario traducido palabra por palabra al español. De este modo, los alumnos saben que al final de la clase siempre se les dará la traducción y no se esforzarán en aprender ni reforzar las estructuras en inglés.

De igual manera, si un alumno empieza a llorar o tiene algún problema, lo ideal es resolverlo en su lengua materna, ya que esto le va a generar más calma y seguridad. No serviría de nada decirle *"what's wrong?"*, ya que eso le crearía más ansiedad, rechazo al idioma y no nos respondería.

Por otro lado, una clase bilingüe tampoco debe centrarse en el docente como único hablador. Un idioma se aprende usándolo, no solo escuchando. Debemos hacer a los alumnos participar, hablar, interactuar entre ellos y ponerlos en situaciones que puedan encontrarse en la vida cotidiana.

Como ya se ha especificado antes, este libro no es algo teórico en el que vayas a aprender más sobre CLIL, el Dual Focus o la Taxonomía de Bloom, de las que seguro has oído hablar o estudiado. Este libro pretende ayudarte en tu camino docente ya sea ahora o en el futuro, aunque para eso hay que partir de una base. Así que sí que debo contarte algo sobre CLIL y el bilingüismo, sobre todo, en caso de que no estés familiarizado con el tema.

Partimos de la base de que CLIL, en español AICLE, consiste en el aprendizaje integrado de contenidos y lenguas extranjeras, es decir, aprender contenidos específicos a la vez que un idioma. Por lo tanto, su objetivo principal es que los alumnos sean capaces de comunicarse en la lengua extranjera, en este caso, recibir y producir de manera correcta el inglés. Si se hace correctamente, conseguiremos que los alumnos consigan ser bilingües una vez acaben su etapa académica.

Parece fácil así contado, aunque su práctica es más difícil de lo que parece. Los profesores deben tener las competencias básicas que se requieren para impartir estos contenidos además de tener en cuenta el factor humano con el que trabajamos: alumnos que van desde los tres años hasta la adolescencia y la situación personal de cada uno de ellos.

CÓMO IMPLEMENTARLO EN CLASE Y NO PERDERLO

Para llegar a la meta que nos hemos puesto no solo vale con clases gramaticales en las que expliquemos todos los tiempos verbales y demos el vocabulario del libro limitándonos a traducirlo en el cuaderno o pizarra. Eso es válido, pero no suficiente ni corresponde a las necesidades del bilingüismo.

Para ello, hay que fomentar la comunicación, desarrollar proyectos, trabajar la cultura del idioma que se esté aprendiendo, aprender su contexto y fomentarlo de todas las maneras posibles. Por otro lado, nuestro trabajo también conlleva crear un ambiente en el que el alumno se sienta seguro y con la confianza suficiente para expresarse en inglés, desarrollando así su potencial. Te dejo algunas de las cosas que podemos hacer en clase para fomentar la todo lo que hemos dicho:

◆ **Evitar preguntas con respuestas de "yes/no".** Hay que hacerles pensar, animarlos a reflexionar y que lo comuniquen en inglés. De este modo repasarán las estructuras gramaticales continuamente, usarán conectores y se podrán crear debates entre ellos.

◆ **Decoración visual.** Al tener ayuda visual constante, están motivados a producir esas frases sin miedo a equivocarse. Es tan simple como tener flashcards con frases del tipo "Can I go to the toilet?" "Can I borrow your pencil?" "I don't understand". Además, también te recomiendo que les des una serie de frases para pegar en su cuaderno, libro o mesa para que siempre las tengan a mano. Esto puede hacerse desde primero de primaria. Verás que te dejo recursos para ellos en el capítulo 3.

◆ **Contexto cultural.** Además de esta ayuda visual, también podemos añadir mapas de los países de habla anglosajona, imágenes de figuras, monumentos o iconos importantes: la estatua de la libertad, el Big Ben, la monarquía inglesa, los taxis americanos, las cabinas telefónicas, etc.

◆ **Crear proyectos con los que aprendan sobre la cultura inglesa.** Pueden planear un viaje pasando por varias ciudades, hacer roleplays fingiendo que están pidiendo en un restaurante o una dirección, una representación sobre la monarquía inglesa o los presidentes americanos.

Todo esto hará que se sumerjan más y más en la cultura, además de usar e interesarse más por el idioma.

Sin embargo, esto solo se hace durante las horas académicas y cuando acaban ya no lo ven más. Es por eso por lo que, unos apartados más adelante, verás algunas ideas para seguir trabajándolo en casa.

DESTREZAS A DESARROLLAR EN CLASE

Seguro que alguna vez te has preguntado qué puedes hacer para que tus alumnos pierdan ese miedo al inglés, cómo pueden sentirse más seguros y confiar en ellos mismos. En este capítulo, además de responder a esas cuestiones, vamos a ver varias ideas sobre cómo implementar el bilingüismo a través de las diferentes destrezas que debemos controlar: lectura, escritura, escucha y habla. Verás que se pueden usar desde los cursos más bajos hasta los más mayores.

GRAMMAR

Empezando por la gramática, aunque esta no sea una destreza en sí, es la base que nos permite avanzar a las destrezas. Sin un conocimiento básico de la gramática del idioma, y obviamente algo de vocabulario, no podremos formular ni comprender una frase simple.

El aprendizaje de esta no consiste simplemente en explicarla en la pizarra y luego hacer ejercicios de rellenar huecos con el tiempo verbal que corresponda. Al igual que no solo debemos usar cada tiempo verbal únicamente en su unidad. Por ejemplo, ver el presente simple en la primera unidad del libro y no volver a usarlo durante el curso no tiene sentido. Cada tiempo verbal puede y debe estar presente en prácticamente todo lo que hagamos con el idioma, de modo que el alumno debe haber adquirido y profundizado correctamente los conceptos gramaticales para saber usarlos.

Haciendo referencia a lo mencionado antes, sí que se debe explicar la gramática de manera que les expliquemos el contexto del tiempo, sus usos y su finalidad. Si solo nos limitamos a explicar los auxiliares y las terminaciones de cada verbo, a lo mejor funciona en una clase de Secundaria (probablemente solo con aquellos que ya tengan algo de nivel), pero en una clase del segundo ciclo de Primaria, seguramente más de un alumno acabe al borde del llanto por la frustración de no entender nada.

Para evitar tal situación, debemos dar muchísimos ejemplos, comparar el idioma que estamos aprendiendo con el nuestro y pasar a la práctica justo después. Esto se puede hacer de muchas maneras, no solo rellenando huecos según la persona y la expresión de tiempo. De hecho, lo ideal es implementar las destrezas a la vez que se practica lo que acabamos de aprender. Con ese tiempo verbal, podemos escribir frases, trabajar textos, escuchar canciones en las que predomine todas las formas y un sinfín de ideas más.

Personalmente, yo soy partidaria de que se debe hacer en la lengua materna de los estudiantes, de modo que lo comprenden de mejor manera que si les explicamos los usos en inglés. El objetivo no es evitar errores, sino prevenir errores.

Además, también pueden adquirir y repasar nuevas estructuras gramaticales a través del *reading* y *listening* (sin olvidar *writing* y *speaking*). Puede que solo conozcan el presente simple y el presente continuo, y de repente en un *listening* escuchen una frase usando el futuro simple. Inconscientemente, esa estructura se queda grabada en su cerebro y cuando la vuelvan a ver o escuchar les resultará familiar de algún modo. El caso es hacer que necesiten usar la gramática en diversas ocasiones

Algo para tener en cuenta a la hora de explicar gramática nueva es la productividad de los alumnos. Es decir, analizar cuándo y cómo están más receptivos. No van a concentrarse igual un viernes a última hora que, por ejemplo, un martes a segunda. Debemos programarnos bien de manera que aprovechemos esas horas de más rendimiento para explicar, y aquellas en las que estén más cansados para practicar o repasar.

Según la etapa en la que enseñemos, trabajaremos la gramática de distintas maneras.

◇ **Educación Infantil:** iremos introduciendo frases estructuradas de forma muy simple. Todo engloba a preguntas y respuestas cortas:

> ◇ *"What is your name? My name is…"*

> ◇ *"Do you like…? Yes, I do. No, I don't".*

> ◇ *"Where is…? It is…*

> ◇ *"What colour is it?" It is…*

◇ **Primer ciclo de Educación Primaria:** como ya se ha dicho antes, no vamos a explicar la gramática analizándola en la pizarra. Lo propio es ampliar aquellas estructuras que se han trabajado en Infantil, intentar hacer las respuestas más densas. Deben ser capaces de describir lo que ven, comprender preguntas y ser capaces de responder sin ayuda, interiorizar más vocabulario y ser capaces de usarlo con estructuras básicas en presente: *can, to have, to be…*

◇ **Segundo y tercer ciclo de Educación Primaria:** aquí ya podemos introducir explicaciones más complejas, comparando un idioma con otro y dar contextos. Pueden trabajar de manera más amplia, en el sentido que cada vez necesitan menos ayuda y están más familiarizados con el idioma. Saben cómo estructurar frases gramaticalmente y son capaces de expresarse y comunicarse con la fluidez que se espera de ellos.

◇ **Educación Secundaria y Bachillerato:** a partir de aquí, además de aprender cosas nuevas, lo que harán será repasar lo ya aprendido en las etapas anteriores. Las explicaciones pueden y deben ser más densas, lo que les permite aprovechar sus conocimientos al máximo.

Cuando queremos trabajar esta destreza, no podemos pretender darles un texto completo en inglés y esperar de ellos que entiendan todo y que sean capaces de hacer la comprensión lectora, sea el curso que sea. Lo único que conseguiremos así es llenarles de una desmotivación gigante.

Lo que debemos hacer es enseñarles a descifrar el texto paso a paso, entender su contexto, identificar su objetivo y, por supuesto, enseñarles a comprenderlo.

Por eso, siempre debemos seguir la siguiente secuencia: *pre-reading*, *reading* y *post-reading*.

◇ **Pre-reading:** introducimos el contexto del texto. Podemos hacerlo con una imagen, preguntándoles qué opinan o qué creen que haremos a continuación. Prestamos atención a la temática del tema, hablamos sobre su vocabulario y observamos qué saben del tema. Por supuesto, aclaramos las dudas que surjan. Por ejemplo, si el texto va sobre los hobbies de algunas personas, podemos hacerles preguntas sobre ese tema es un buen modo de empezar la actividad: qué hobbies conocen en inglés, cuáles son los suyos, si conocen a alguien que haga ese hobby, etc. Además, así también practicamos Speaking, por lo que una destreza nos permite trabajar otras a la vez.

◇ **Reading:** la lectura en sí misma. Podemos darles el texto completo o dividirlo en partes (cuando acaben una, pasan a la siguiente). Esto funciona muy bien con los alumnos que tienen un nivel más bajo en el idioma o algún tipo de dificultad.

◇ **Post-reading:** Los ejercicios de elegir la opción correcta están relativamente bien, pero hay muchas más opciones con las que podemos trabajar la comprensión del texto. Primero, podemos hablar sobre las palabras que no conocíamos antes de hacer ese texto, comentar lo que hemos leído, qué hemos aprendido y qué nos ha llamado la atención. Los estudiantes pueden resumir el texto, crear uno parecido, ampliar información, cambiar palabras por otras para que el texto sea de un tema distinto, etc.

Aunque en España no es muy conocido, en Estados Unidos los docentes usan una figura que ayuda a los alumnos a mejorar su comprensión lectora además de incrementar su motivación. Hablamos del *"Reading buddy"*, una metodología con la que fomentamos la lectura en clase y en casa, a la vez que trabajamos el *speaking* y el *listening*.

Consiste en tener un a compañero, juguete o peluche al que convertiremos en nuestro compañero de lectura. El objetivo es que cada estudiante tenga un libro en inglés adaptado a su nivel y se lo lean a su *Reading buddy*.

En clase, lo ideal sería hacer parejas de lectura que se lean mutuamente, así dedicaremos un tiempo a la semana a la lectura. Podemos hacerlo de manera que sea una hora a la semana, diez minutos cada día, o lo que consideremos apropiado para nuestros alumnos.

En casa, al no tener al compañero (aunque podemos animarlos a quedar en alguna casa o en el parque y que lean de igual manera), se les puede pedir que suban una foto leyendo a su "Reading buddy" (en este caso sería el juguete o peluche) a la plataforma que use el centro (Classroom, Classdojo, Microsoft Teams...).

Al leer en voz alta a un solo compañero, ganan fluidez y disminuye la ansiedad que sienten cuando leen o hablan delante del resto de la clase. El que lee practica su pronunciación y entonación, por lo que trabajamos speaking y el que escucha, obviamente, trabaja el listening. Incluso pueden corregirse mutuamente y crear un ambiente de retroalimentación muy positivo.

Te dejo algunas ideas para empezar a trabajar con el *Reading buddy*:

◇ **Presentarlo.** Dedicamos una clase a presentar a nuestros *Reading buddies* de casa. Traen su peluche o juguete y deben salir de uno en uno a contarnos cosas sobre su personalidad. Trabajamos la estructura *"this is my friend... and he/she likes to..."* Así, en los primeros ciclos introducimos la tercera persona del singular, y en los ciclos más mayores la repasamos.

◇ **Reading journal.** Cada alumno tendrá una especie de diario (puede ser una libreta en blanco, sin necesidad de preparación) en el que registrará lo que ha leído ese día y qué le ha parecido. Podemos llenarlo de todos los libros que leamos durante el curso. Así, también reforzamos el *writing* además de trabajar la gramática.

◇ **Intercambios.** Una vez finalizado un libro, podemos crear una especie de biblioteca dentro de clase e intercambiar libros con los compañeros. De este modo, los alumnos que hayan leído el mismo libro pueden opinar sobre él, generando una conversación que consista en debatir.

WRITING

Otra destreza fundamental. Según el currículo y para obtener una certificación, debemos saber escribir correos informales y formales, artículos, historias, ensayos, etc. pero para llegar a esa meta hay que haber hecho un gran recorrido previamente. El *writing* no solo consiste en una parte del examen donde contestamos a un amigo que nos ha escrito un correo, sino en saber escribir correctamente el vocabulario, usar la gramática, los signos de puntuación, etc.

Por ello, debemos empezar desde muy pequeños. No es real pretender que en el tercer ciclo de primaria nos escriban una historia sin haber visto antes el pasado, por ejemplo. De ahí la importancia que hemos recalcado antes sobre la gramática y su uso diario.

Empezando por infantil y el primer ciclo de primaria, es un poco complicado, ya que están aprendiendo su lengua materna a la vez. Por eso, hay que tener más paciencia con ellos y no rendirnos fácilmente. Para ellos a veces también resulta frustrante, pero debemos hacerles entender que, en un proceso de aprendizaje, es normal sentirse así.

En estos cursos podemos empezar con la escritura de las palabras simples que conocen durante el curso: los colores, los números, la familia, el tiempo, etc. Por supuesto, siempre proporcionándoles una ayuda que le iremos quitando poco a poco, según avancen en el proceso. Lo mejor para adquirir una palabra es tenerla como referencia al lado. Esto se puede conseguir a través del recurso *Write the word* que encontrarás en el capítulo 3.

Poco a poco, vamos construyendo frases básicas en las que ya identificamos el sujeto, el verbo y el objeto. Adquirimos este orden y lo asumimos con la repetición de ejemplos.

Llegamos al segundo ciclo de primaria y ya podemos hacer frases un poco más complejas en las que añadimos adjetivos, adverbios, preposiciones, etc.

Y ya el nivel sube por completo desde el tercer ciclo de primaria hasta bachillerato. Curso a curso, vamos aprendiendo cómo redactar los diferentes tipos de textos y cómo comunicarnos por escrito con éxito.

Una dificultad muy común en clase es que los alumnos escriban una palabra tal y como les suena según la fonética española. Por eso, debemos recalcar y recordarles continuamente que el inglés funciona de un modo diferente y que sus sonidos no son iguales que los españoles. Sin embargo, esto solo suele ocurrir en los primeros ciclos, con la práctica asumen los sonidos inconscientemente y cada vez se encontrarán más cómodos escribiendo en otro idioma.

LISTENING

Suele ser, junto al *speaking*, la destreza que más difícil les resulta a los alumnos y que más miedo les da. Nuestra labor como docentes es hacer que se sientan cómodos con todo lo que enseñemos y aprendan, logrando así que ganen confianza en ellos mismos para poder demostrar de lo que son capaces.

Aunque debamos seguir el libro de texto y el currículo, hay otras cosas adicionales que podemos implementar en el aula para reforzar esos aprendizajes de otro modo.

Para empezar, podemos trabajar los "real-life listening", que básicamente consisten en conversaciones reales sin un guion de por medio. En la vida real, la gente no habla tan despacio ni vocaliza tanto como en los audios que se trabajan en clase. Aunque es cierto que este tipo de audios son necesarios para introducirnos en el idioma, una vez que el oído ya esté acostumbrado a escuchar inglés, podemos pasar a otro tipo de *listenings*.

Se puede trabajar con canciones, entrevistas a famosos que les gusten, podcasts, monólogos... Además, también debemos trabajar el estilo formal: debates políticos, presentaciones de premios o películas, el telediario...

Si lo hacemos de manera que, además de escuchar, puedan ver el fragmento de vídeo en el que ocurre ese discurso, lo notaremos en su pronunciación. Ver cómo el hablador mueve la boca para producir los sonidos, incluso aquellos que no tenemos en español, es primordial para pasar a la imitación y hacer que lo reproduzcan.

Antes de pasar a cualquier actividad de este tipo, debemos poner a los alumnos en contexto. Explicarles qué vamos a escuchar, el por qué, quién habla, preguntarles si conocen a esa persona, etc. Si vamos a escuchar una canción o una entrevista con algún deportista o actor, podemos enseñarles una foto de ellos o un fragmento de un vídeo en el que salgan haciendo su trabajo. Así, hemos llamado la atención de los alumnos y no simplemente hemos introducido la actividad con un *let's do a listening!"* y reproducir el audio. Esto creará un ambiente de pasividad en el que la mayoría estén aburridos y no muestren interés en el tema, lo que resultará en una menor comprensión de lo escuchado.

Otro error que solemos cometer es limitarnos al acento inglés y americano, cuando en realidad hay muchísimos más. Debemos enseñarles la cultura del idioma, no de un solo país. De modo que, a la hora de escuchar a gente hablar, podemos trabajar el acento de otros países e incluso por zonas y las diferentes ciudades de un mismo país.

Después de cada audio, podemos hablar sobre lo que hemos escuchado, dar opiniones, imitar el acento o decir qué habríamos dicho nosotros. No todo se limita a responder preguntas *"multiple-choice"*.

Es importante tener en cuenta que no todo vale para todo, es decir, no vamos a poner un debate político en una clase de infantil. Hay que diferenciar bien las etapas y ver qué discurso concuerda con nuestros alumnos. Ya no solo por la edad, cada clase es un mundo y puede que en nuestra clase no funcionen, por ejemplo, las canciones lentas. Debemos estar abiertos y preparados para ser flexibles y saber qué funciona mejor. Eso sí, sin dejar de lado todo lo que deben aprender, les guste más o menos. El objetivo es hacerlo de manera que les resulte agradable, no por obligación ni decirles que "porque sí".

La clase de inglés es (o debería ser) un listening en sí misma. Explicamos, hablamos y ayudamos en inglés todo el tiempo posible. Esto funciona para seguir avanzando con el idioma. Además, nos ayuda a evaluarles sobre la marcha al identificar en ese mismo momento si nos están entendiendo o saben qué está ocurriendo.

Una de las destrezas más importantes y presentes en el día a día. Anteriormente, era la más olvidada. Solo se le daba protagonismo al *Writing* y al *Reading*. Afortunadamente, tanto para los docentes como para los alumnos, eso ha cambiado y hoy en día sí que se le da la importancia que verdaderamente tiene.

Tanto para el presente como para su futuro, es fundamental que los alumnos tengan la capacidad de comunicarse oralmente en inglés, y para llegar a esa meta, hay que empezar desde muy pequeños a través de canciones y repitiendo los mismos patrones. Poco a poco, se va subiendo el nivel hasta que son capaces de producir una conversación completamente sin ayuda.

Algo que les da miedo a los alumnos es el hecho de tener que enfrentarse a un público que los mira mientras hablan, ya sea el docente, una o más personas. Piensan que van a ser juzgados, que los demás se van a reír de ellos o que van a hacer el ridículo. Igualmente, con la experiencia también sabemos que, la mayoría del tiempo, aquellos alumnos a los que se les da mejor el idioma son los que hablan y participan más. Eso no es lo que buscamos. Toda la clase debe participar y sentir que puede hacerlo, sin que nadie les quite oportunidades.

La manera de evitar lo anterior es, además de tener una buena gestión de aula en la que predomine el respeto por los compañeros, trabajar la comunicación oral en inglés desde el primer momento del curso. Por ejemplo, si nuestra intención es que los alumnos hagan alguna presentación oral frente a sus compañeros, o simplemente hablar entre ellos en el mes de noviembre sin haber hecho nada parecido previamente, seguramente muchos de ellos acaben sintiéndose mal. En cambio, si desde que los recibimos el primer día les motivamos a usar el idioma en todas sus versiones, cada vez se sentirán más seguros y les será más fácil avanzar.

Otra cosa que me parece fundamental es dejarles claro que el uso del español no está prohibido. Sí, queremos que la clase sea mayormente en inglés y que usen su lengua materna lo menos posible, sin embargo, si regañamos o hacemos sentir mal a un alumno por usar el español, lo único que vamos a conseguir es que el estudiante genere un rechazo hacia el inglés y, seguramente, a pedirnos ayuda cuando lo necesite. Por eso, es clave hacerles saber que debemos hablar inglés el máximo tiempo posible y que el español solo se puede usar para urgencias.

¿Qué son las urgencias?:

◇ **No entender lo que el docente acaba de decir.**

◇ **No saber qué hay que hacer.**

◇ **Necesitar pedir algo y no saber hacerlo en inglés (llamar a casa, buscar a un profesor, ir a enfermería, etc.).**

◇ **No saber que está pasando en clase (de qué hablan los demás, qué están haciendo, por qué están actuando así, etc.).**

Yo uso lo que llamo "la dinámica corazones". Consiste en escribir los nombres de los alumnos en la pizarra y tres corazones a su lado. Los corazones representan las vidas. La dinámica consiste en que, cada vez que usen el español sin ser una de las urgencias anteriores, es decir, dicen alguna palabra sin querer, hablan con el compañero o lo usan de manera que no se corresponde a las reglas ni metodología de clase, pierden una vida. Al final del todo, el estudiante que más corazones ha conservado se lleva una recompensa: elegir juego, ser el encargado de algo, repartir libros, ser el *mini teacher* el día siguiente, o cualquier cosa que acordemos con ellos.

Es importante recalcar lo que hablábamos del rechazo anteriormente. Puede que con una clase en concreto no funcione o se tenga que modificar algo. En cuanto veamos que solo funciona con algunos de ellos y no con todos, esa metodología no nos funciona. En mi caso, cada vez que veía que no funcionaba con algunos, que suelen ser los más tímidos, les daba ayuda, les prestaba más atención y les invitaba a participar.

En su cuaderno o mesa tenian pegado una serie de frases que necesitaban tener para poder comunicar ciertas cosas (tienes esta ayuda visual en el capítulo 3). También hay que tener en cuenta el curso en el que lo implantamos. Es decir, esta dinámica en primero de Primaria no es muy real. Apenas saben vocabulario y estructuras para poder hablar todo el rato en inglés. Eso sí, podemos dedicarle unos minutos al final de clase en el que, al menos lo intenten. Yo con los cursos más pequeños, en vez de tres corazones les doy 5 o 10, para tener más posibilidades de fallar. Generalmente, suele ser una buena práctica, ya que intentan hablar todo el rato en inglés y acaban saliendo del paso intentándolo por ellos mismos. Os prometo que es muy divertido y os recomiendo que lo probéis con vuestra clase.

¿Qué podemos hacer para trabajar el *speaking* evitando las típicas presentaciones al final de un tema? Os dejo varias ideas:

◇ **Hacer roleplays.** Simular que estamos en una situación cotidiana como pedir en un restaurante, ir a comprar, encontrarte con un amigo por la calle, preguntar por una dirección...

◇ **Imitar.** En el apartado del *listening*, hablábamos de ver entrevistas, fragmentos de series o películas o debates políticos. Todo eso lo podemos llevar al *speaking*, incluso podemos pedirles que vengan vestidos como la persona que van a imitar. Aparte de llamarles la atención y ser divertido, van a preparar un diálogo de algo con lo que ya se ha trabajado en clase, que pueden trabajar y reproducir la pronunciación de esa persona y, al final, imitar.

◇ **Improvisar.** Con cursos más mayores, a partir del tercer ciclo de primaria, podemos hacer batallas de improvisación. La actividad consistiría en hablar sobre algo y añadir palabras cada cierto tiempo. Por ejemplo, deben empezar introduciendo la palabra "*cow*", pasados unos 40 segundos, le damos la palabra "*pencil*", y así todo el rato sin dejar de hablar. Puedes ver esta actividad más en profundidad en el capítulo 3.

◇ **Describir.** Algo muy típico pero muy necesario. No solo se pueden describir fotos o ilustraciones de personas. Podemos describir el sitio en el que estamos, un objeto, un vídeo, una canción, un libro. Se puede trabajar de manera que adquieran esa capacidad para fijarse en todo lo que les rodea y ser conscientes de cada pequeño detalle.

◇ **Proyectos.** Podemos crear proyectos de absolutamente cualquier cosa. Crear una ciudad y presentarla, un partido político, un invento, una canción, un poema, etc. El objetivo final es presentarlo a la clase y hacer votaciones para elegir cuál nos ha parecido el más original y, por supuesto, por qué.

RECURSOS PARA FOMENTAR EL BILINGÜISMO

Una vez pasados los dos capítulos más teóricos, verás que lo que queda del libro es muy práctico. Encontrarás ideas y recursos para usar en clase de inglés, aunque ya verás cómo son aplicables en las asignaturas bilingües como pueden ser *Natural* o *Social Science*.

¡IDEAS PARA CLASE

Aquí tienes algunas ideas para usar en tu clase de inglés, junto con materiales accesibles. Además, estas ideas también son aplicables a las clases con materia bilingüe. Cada idea incluye la etapa escolar en la que se puede aplicar y diferentes variaciones. Si no se indica, es que se puede utilizar en todas las etapas.

A) FLASHCARDS (Infantil, 1° y 2° ciclo de EPO)

Las flashcards nos dan mil posibilidades diferentes para que los alumnos jueguen, aprendan y se diviertan con ellas. Además, la mayoría de las veces nos permitirán movernos por la clase, algo que a los alumnos les motiva mucho.

◇ **SPEAKER** Cogemos una flashcard y la subimos, cuando la flashcard esté arriba, los alumnos tendrán que decir esa palabra gritando. Si la bajamos, tendrán que decirla susurrando. Cada vez lo hacemos más rápido. Es una manera muy divertida de repasar cualquier vocabulario y nunca saben si tendrán que gritar o susurrar.

◇ **WHAT'S MISSING?** Colocamos las flashcards alrededor de la clase. Los alumnos deben darse un paseo durante el tiempo que les indiquemos (10, 20 segundos). Pasado ese tiempo, les pedimos que cierren los ojos o salgan de la clase mientras el docente elimina una de las flashcards (si son más mayores podemos coger más de una). Cuando los alumnos abran los ojos o entren a la clase, el primero en adivinar qué flashcard falta, gana y hará la siguiente ronda.

◇ **ASK ME ANYTHING!** Con las flashcards colocadas alrededor de la clase y según el vocabulario que queramos repasar, los alumnos le harán una pregunta al docente. Por ejemplo, *"what is your favourite colour?"*, seguidamente, el docente se tapa los ojos y todos los alumnos corren a la flashcard que consideren. Cuando los alumnos ya estén colocados, el docente responde con los ojos tapados *"my favourite colour is purple!"* Los alumnos que estén junto a esa flashcard son eliminados. Vamos repitiendo el proceso con el resto de los alumnos de modo que sean ellos quien practiquen la estructura.

◇ **READY, STEADY, GO!** Pegamos las flashcards a la pizarra, donde escribiremos la palabra detrás de ellas. Dividimos a los alumnos en grupos de 3 o 4, de manera que en cada ronda sale un alumno de cada grupo a la pizarra. Cuando digamos *"ready, steady, go!"* los alumnos corren hacia la pizarra y levantan la flashcard que quieran. Deben mirar a la palabra durante 5 segundos, que contaremos nosotros, y una vez pasado el tiempo deben correr hacia su libreta y escribir esa palabra. Al final, gana el equipo que más palabras tenga escritas correctamente.

B) PALOS DE MADERA. Tanto si son de colores como si no, hablamos de un recurso súper sencillo y asequible que nos permite hacer muchísimas cosas con ellos. Podemos usarlos para todas las destrezas e incluso para aprender y repasar vocabulario (incluyendo verbos frasales, preposiciones de lugar, *collocations* o cualquier cosa que queramos). Te dejo algunas ideas que he usado en clase y que funcionan súper bien. En el caso de que uses palos de madera normal, te recomiendo que los pintes o las etiquetas que les pongas sean de colores.

◇ **DO YOU SPEAK ENGLISH?** Cada palo tiene escrita o pegada una pregunta. Un alumno coge un palo al azar y debe preguntarle esa pregunta al compañero que le corresponda. Esto podemos hacerlo de varias maneras según el nivel de los alumnos.

◇ Con la pregunta escrita de manera que solo deban leerla.

◇ Con huecos en blanco para que ellos completen la pregunta según lo que consideren correcto. Por ejemplo, si queremos repasar gramática, le pondremos el verbo entre paréntesis para que ellos lo conjuguen. También podemos hacerlo con conectores, preposiciones o auxiliares.

◇ Con una frase en afirmativo que ellos deben convertir en pregunta, repasando así la gramática.

◇ **BUILD A SENTENCE.** Dividimos los palos en categorías gramaticales: sujeto, verbo, objeto, adjetivo, adverbio… Los alumnos deberán coger los palos en el orden correcto para formar una frase. Esto nos sirve para repasar los tiempos verbales que hemos visto (no solo el último del tema), y podemos escribir las oraciones en el caso de querer practicar el *writing*, o simplemente decirlas en voz alta. Otra opción es que un alumno formule la frase, se la dice a su compañero y este debe escribirla como si estuviésemos haciendo un dictado.

◇ **TRUE OR FALSE?** No todo tiene que ser escribir o hablar, también nos sirven para hacer ejercicios de *reading* y *listening*. Cogeremos un número de palos según la cantidad de alumnos que tenemos. El objetivo es que tengan la opción de elegir "*true*" o "*false*". Esto podemos hacerlo con goma Eva o cartulina, por un lado (el verde) escribiremos una T o haremos un tick, mientras que por el otro (el rojo) escribiremos una F o haremos una X.

◇ **CHOOSE THE BEST OPTION.** Al igual que la idea anterior, es otra manera de hacer diferente los ejercicios de *reading*, aunque realmente puede usarse para responder cualquier pregunta. Con esta actividad, lo que haremos es escribir una letra en cada extremo y lado del palo, es decir, en un extremo escribo A, por el otro lado B, en el otro extremo C y por el otro lado D. Cuando trabajemos la comprensión lectora o cualquier otro ejercicio en el que deban elegir una de estas opciones, les repartiremos los palos a los alumnos y cuando hagamos esa pregunta, ellos levantarán el palo indicando que opción consideran correcta. Es algo que les gusta y les motiva, ya que no es la típica ficha de ejercicios. Además, permite al docente saber qué piensan los alumnos en ese momento justo, sin necesidad de corregir.

C) SNOWBALL FIGHT. Una de las que más les divierte. Esta actividad consiste, mayormente, en el *writing*. La dinámica de este ejercicio es la siguiente: cada alumno, anónimamente, escribe una o dos líneas sobre lo que digamos, luego hacen una bola con ese papel y la lanzan a la parte de la clase que les indiquemos cuando nosotros digamos. Después, todos los alumnos se levantan y cogen una bola, leen lo que pone y seguimos con el juego. Te dejo algunas ideas para hacer este ejercicio:

◇ **STORYTELLING.** Con los típicos *"story dices"* (si no los tienes físicos, puedes buscar algún Genially online) vamos creando la historia. Primeramente, decidimos el protagonista. Una vez lo tenemos, empezamos la historia introduciéndolo. Hacemos la bola, la lanzamos, la cogemos y pasamos al lugar. Así sucesivamente hasta llegar al mejor amigo, al malvado, a un objeto y a la acción final. Cuando acabamos la historia, volvemos a lanzar las bolas, pero esta vez los alumnos leerán en voz alta la que hayan cogido. También podemos decirles que corrijan los errores que vean.

◇ **GET TO KNOW ME.** Con esta actividad, cada alumno escribirá (dependiendo del nivel) una o dos líneas contando algo sobre ellos. Una vez lancen la bola, cada alumno debe adivinar quién ha escrito la suya. Es una actividad ideal para los primeros días o simplemente para repasar estructuras ya vistas.

◇ **SUM UP!** Si hemos trabajado alguna lectura o simplemente hecho algún ejercicio de *reading*, le pedimos que escriban un resumen junto a su opinión de lo que hemos leído. Esta vez, dividiremos la clase en dos equipos. De manera que se lanzarán las pelotas mutuamente. Cada equipo coge las bolas del equipo contrario, lee los resúmenes y creamos un debate sobre lo que cada uno piensa. Así hemos practicado *writing*, *reading*, *speaking* y *listening*.

D) THINGS. Esta actividad consiste en repasar vocabulario, por lo que es perfecta para los más pequeños (aunque se puede hacer en cualquier curso). En parejas, los estudiantes se sientan el uno frente al otro sin poder mirar lo que escribe su compañero. El docente les dirá una categoría, por ejemplo *"5 red things"*. El objetivo es que cada pareja piense lo mismo. En cada ronda, la pareja que más palabras tenga en común y escritas correctamente, ganará un punto.

Para hacerlo más difícil, en vez de 5 pueden ser 10.

E) ALL I KNOW. Una actividad que se puede usar desde segundo de primaria hasta bachillerato. Con un cronómetro que ellos pueden ver (en la pizarra, reloj físico o nosotros indicando el tiempo), deben escribir tantas palabras como puedan y sepan en el tiempo que se indique (esto cambia según el nivel), por ejemplo, 5 minutos. Todo vale mientras esté en inglés: pronombres, verbos, preposiciones, adjetivos, verbos conjugados, etc. Al final, el alumno que más palabras haya escrito correctamente gana.

F) PELOTA. Un básico, el comodín perfecto de cada profesor y la actividad preferida de los estudiantes. Al igual que las flashcards, es una cosa que nos da muchísimo juego.

◇ **PASS THE BALL.** Es el típico juego en el que los alumnos van pasándose la pelota cada vez que digan una frase. Por ejemplo, repasando vocabulario. Le indicamos el tema que vamos a repasar y empezamos nosotros lanzando la pelota a la vez que decimos una palabra, por ejemplo "*red*". Los alumnos se van pasando la pelota de uno en uno diciendo una palabra relacionada con ese tema, si algún alumno repite, estará eliminado. Así hasta que no queden palabras de ese tema o solo quede un alumno.

◇ **REMEMBER!** Con este juego repasaremos estructuras. Es muy parecido al anterior, pero con un poco más de dificultad. Decidiremos la estructura que queramos repasar, por ejemplo "*my name is Rocío and I like chocolate*". Así repasaremos los posesivos y la tercera persona del singular del presente simple. El juego consiste en pasar la pelota repitiendo lo que han dicho los demás y añadiendo nuestra información. Imaginad que empiezo yo, que soy Rocío, y le paso la pelota a José. José tendrá que decir "*her name is Rocío and she likes chocolate. I am José and I like basketball*". Y así sucesivamente hasta que hablen todos los alumnos. Todos deberán repetir lo que sus compañeros han dicho previamente, usando así la estructura y haciendo un ejercicio de memoria.

G) ONE WORD STORIES (3º ciclo de primaria, ESO, bachillerato): esta actividad la podemos hacer tanto de manera escrita como oral. Consiste en crear una historia entre todos, pero cada alumno solo puede usar una palabra. De este modo repasamos estructuras gramaticales, el orden de las palabras, conectores, preposiciones, conjunciones verbales, etc.

Si lo hacemos de manera oral, podemos ponernos en círculo y crear la historia entre todos. Para hacerlo más divertido, podemos poner a dos alumnos como encargados de escribir la historia, de manera que tienen que escuchar y escribir rápidamente lo que los demás están diciendo. Al final, ganará el alumno que menos fallos tenga de manera escrita.

Si, en cambio, queremos hacerlo de manera escrita, podemos usar la pizarra. De este modo, los alumnos van saliendo de uno en uno a escribir una palabra para crear la historia. Otra alternativa es hacer grupos y que cada grupo tenga un folio que se van pasando para escribir las palabras. Ganaría el grupo que tenga menos fallos gramaticales.

H) PROJECTS. Parece algo muy básico y que damos por hecho, pero en realidad son muy necesarios para trabajar todas las destrezas. Son totalmente adaptables a cualquier edad y tema, siempre y cuando los alumnos estén familiarizados con el vocabulario y tengan las competencias necesarias para desarrollar el proyecto. Te dejo algunas ideas que podrás usar por etapa, aunque si las adaptas, te pueden servir para más de una:

◇ **OUR PUPPET SHOW (infantil).** No necesariamente tienen que ser marionetas, podemos usar peluches, juguetes o incluso sus manos. Con este proyecto, trabajaremos alguna estructura vista en clase, por ejemplo *"hi, what's your name? My name is..."* Parece poca cosa, pero teniendo en cuenta que son niños de tres, cuatro y cinco años, necesitan adquirir estas estructuras a base de repetición. Podemos dedicarle una semana a ensayarlo con ayuda hasta que llegue el día del proyecto en sí, donde les evaluaremos.

◇ **LET'S GO SHOPPING! (1° ciclo primaria).** Se puede hacer con el vocabulario de la comida o de la ropa. El proyecto consiste en que por grupos o parejas deben preparar un diálogo en el que un alumno sea el cliente y el otro el dependiente de la tienda. Si tenemos, podemos darles dinero de juguete, aunque lo suyo sería practicarlo con libras o dólares (podemos imprimirlos); así introducimos la cultura también. El cliente tendrá que comprar algo, pero antes se interesa por el precio. Cuando llega a la caja, pregunta por el precio y el dependiente le dice la cantidad. Finalmente compra el producto y se despiden.

Obviamente, no dejan de estar en el primer ciclo de primaria, por lo que necesitarán algo de ayuda en cuanto a las estructuras, preguntas y respuestas. Podemos darles una plantilla con la que trabajen y ellos solo deben memorizarlo. Al igual que la propuesta anterior, se puede trabajar durante una semana o varias sesiones hasta que llegue el momento de presentar el proyecto.

◇ **AT THE CINEMA (2° ciclo de primaria).** Siguiendo exactamente los mismos pasos que el proyecto anterior, crearemos este proyecto.

La diferencia es que, al ser más mayores, pueden tener más independencia a la hora de prepararlo. Aun así, siempre hay alumnos que necesitan más ayuda que otros, por lo que se les ofrecerá ayuda extra en caso de necesitarla.

El proyecto consiste en quedar en el cine para ver una película, decidir cuál van a ver, comprar las entradas y las palomitas.

◇ **DAD NEEDS HELP (3° ciclo de primaria).** Con este proyecto, trabajaremos el vocabulario de la tecnología. Un alumno será mamá o papá y el otro será el hijo o la hija. Lo que deben hacer es pretender que el adulto necesita ayuda con algo de su teléfono móvil (borrar o instalar una aplicación, borrar o hacer fotos, descargar una canción...) y el hijo debe ayudarle. Repasaremos vocabulario con el que se ofrece ayuda a la vez que repasamos el vocabulario de la tecnología. Podemos incluir verbos modales como *"can, should, have to..."*.

◇ **VOTE, VOTE, VOTE! (ESO y Bachillerato).** Se debe adaptar según la etapa y el nivel del grupo. El proyecto consiste en trabajar con la segunda condicional (en el caso de primero de la ESO, podemos hacerlo con el futuro simple). Les indicaremos que, en grupos, deben crear un partido político en el que decidan quién será el líder e incluyan: el nombre, el logo, el lema y sus propuestas. Tendrán un par de sesiones para preparar todo esto. El día en el que se presente el proyecto deberán venir vestidos adecuadamente, como si fuesen políticos de verdad. Cada partido se presentará y luego se hacen votaciones en secreto, de donde saldrá el partido ganador.

En cuanto a recursos, te dejo a continuación unos cuantos que también podemos usar en varias etapas de diferentes maneras e incluso adaptar a cualquier tema, tanto de la asignatura de inglés como de las bilingües. Cada actividad indica para qué edades se puede usar. En las que no se indica nada, significa que se puede usar con todas las edades. Además, puedes descargarlos todos en el capítulo 7 con los códigos QR.

TRIVIA (ESO Y BACHILLERATO)

Siguiendo la dinámica del juego tradicional del Trivia, este está dedicado al inglés y a sus destrezas. Dentro del juego tenemos seis categorías: gramática, *Reading*, *Writing*, pronunciación, errores y vocabulario. Se empieza desde el centro del juego y cada grupo decide a donde ir, luego se le pregunta según el color en el que haya caído, es decir, si ha caído en una casilla azul, se cogerá una tarjeta azul. Si el grupo acierta, sigue jugando. Si no aciertan, pasa al siguiente. Si al caer en una casilla con quesito aciertan, conseguirán el quesito de esa categoría. Gana el equipo que primero consiga todos los quesitos.

Esta actividad consiste en repasar vocabulario de manera escrita. En una cartulina grande, pegaremos las letras del abecedario en la parte de arriba. En la parte de abajo, dejaremos hueco para colocar las tarjetas, formar la palabra cogiendo las letras que tenemos arriba, y finalmente, escribirlas. Debe quedar algo parecido a la imagen. Esta actividad es perfecta para los primeros cursos de primaria, y aunque el recurso incluya una serie de temas, se puede ampliar a cualquier tema y vocabulario que queramos que aprendan. Por ejemplo, si en *Science* estamos dando el ciclo del agua, podemos hacer tarjetas sobre ese vocabulario.

AYUDA VISUAL

Este recurso nos sirve para cualquier edad. Se trata de un pack de decoración del aula en el que encontraremos flashcards con frases que se dicen diariamente, además de los días de la semana, los meses y las estaciones. Es importante recordarles a los alumnos que cuentan con una ayuda visual a la que pueden acudir si no saben cómo decirlo en inglés. De este modo, intentaremos que hablen en inglés todo el tiempo que puedan.

AYUDA MESA/LIBRETA (EPO)

Al igual que la anterior, esta ayuda la tendrán pegada a su mesa o en la primera o última hoja de su cuaderno. Así lo tendrán todo a su alcance cuando quieran comunicarse en inglés.

 Good morning

 Can I go to the toilet?

 Can I drink some water?

 Can I sharpen my pencil?

 I need help

 I'm done

 Could you repeat, please?

 How do you say...?

 I don't understand

@roeducacion

Es un recurso muy versátil con el que podemos hacer un montón de actividades. Este recurso es uno de mis favoritos, ya que se puede trabajar prácticamente todas las destrezas con él.

◇ **SPEEDY WRITING:** colocamos todas las galletas alrededor de la clase. Los alumnos deben pasear por la clase y cuando nosotros gritemos *Cookies!*, deberán coger 3 galletas en 5 segundos. Luego, deberán escribir una frase en la que incluyan esos 3 verbos en 1 o 2 minutos. A los alumnos que les cueste un poco más, podemos decirles que escriban una frase con cada verbo de forma separada.

◇ **HOW DO YOU SAY...?:** con los cursos más bajos o esos alumnos que les cuesta un poco más, podemos jugar a traducir los verbos. Para hacerlo más competitivo, podemos darles un tiempo concreto y el equipo que más verbos traduzca durante ese tiempo, gana.

◇ **LET'S PRACTICE!:** según el tiempo verbal que estemos dando en ese momento, podemos aprovechar las galletas para hacer alguna de estas actividades. Por ejemplo, si hemos explicado en presente perfecto, deberán crear frases en este tiempo verbal con los verbos que les toquen.

◇ **WRITING TIME:** parecida a la anterior, con esta idea harán un *writing* en el que introduzcan los verbos que les vamos repartiendo sobre la marcha. Deben usar más de un tiempo verbal.

◇ **LET ME HEAR YOU:** Simple y sencillo. Deben pronunciar el verbo que salga. De este modo, nos aseguramos de que saben pronunciar correctamente la palabra, y no siempre como se lee en español.

FLIPBOOKS

Es algo que a los alumnos les encanta. En este recurso tenéis flipbooks de todos los tiempos verbales que se ven durante la etapa de Primaria, además de algunas estructuras gramaticales como son los comparativos y el *"there is, there are"*.

Es algo muy intuitivo de usar, simplemente se pega el recuadro con la información a la libreta, y el que tiene el título se pegaría encima, de manera que quede como en la imagen.

Les sirve muchísimo a la hora de entender y reproducir la estructura, además de relajarse mientras lo colorean, recortan y pegan. (FOTO 15)

PRESENT CONTINUOUS

@roeducacion

AFFIRMATIVE	NEGATIVE	INTERRO-GATIVE

@roeducacion

GLUE HERE

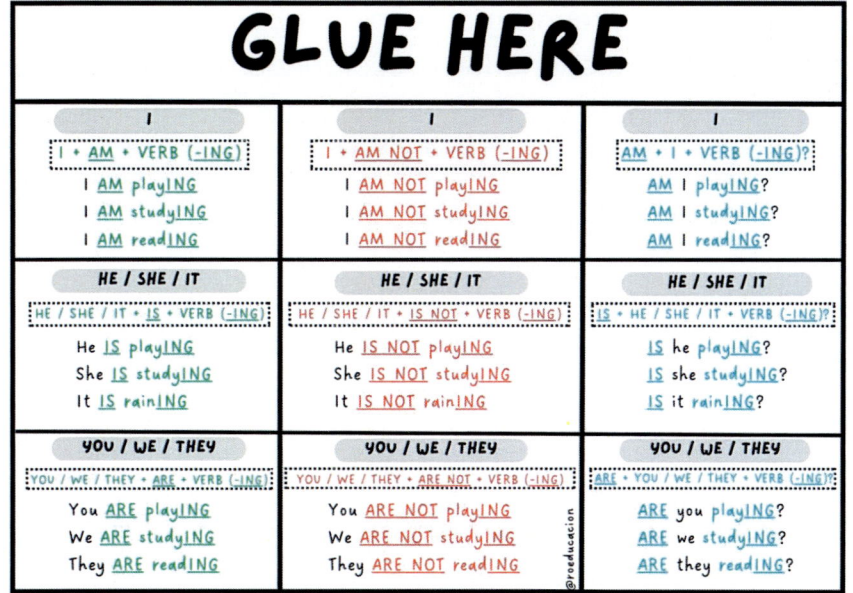

I	I	I
I + AM + VERB (-ING)	I + AM NOT + VERB (-ING)	AM + I + VERB (-ING)?
I AM playING	I AM NOT playING	AM I playING?
I AM studyING	I AM NOT studyING	AM I studyING?
I AM readING	I AM NOT readING	AM I readING?

HE / SHE / IT	HE / SHE / IT	HE / SHE / IT
HE / SHE / IT + IS + VERB (-ING)	HE / SHE / IT + IS NOT + VERB (-ING)	IS + HE / SHE / IT + VERB (-ING)?
He IS playING	He IS NOT playING	IS he playING?
She IS studyING	She IS NOT studyING	IS she studyING?
It IS rainING	It IS NOT rainING	IS it rainING?

YOU / WE / THEY	YOU / WE / THEY	YOU / WE / THEY
YOU / WE / THEY + ARE + VERB (-ING)	YOU / WE / THEY + ARE NOT + VERB (-ING)	ARE + YOU / WE / THEY + VERB (-ING)?
You ARE playING	You ARE NOT playING	ARE you playING?
We ARE studyING	We ARE NOT studyING	ARE we studyING?
They ARE readING	They ARE NOT readING	ARE they readING?

@roeducacion

COME IN TICKETS

Seguro que has oído hablar de los "*exit tickets*" un montón de veces, pero ¿y si lo hacemos antes de empezar la clase? Con este recurso podemos repasar lo que se ha visto en las clases anteriores, conceptos básicos o simplemente preguntarles cómo están hoy. También podemos invitarles a que adivinen lo que haremos en clase hoy, o que nos cuenten lo que quieran o necesiten.

Es una buena manera de relajar el ambiente al principio de la clase, ya que mientras nosotros preparamos el material, ordenador, pizarra, etc., ellos están ocupados reflexionando y recordando.

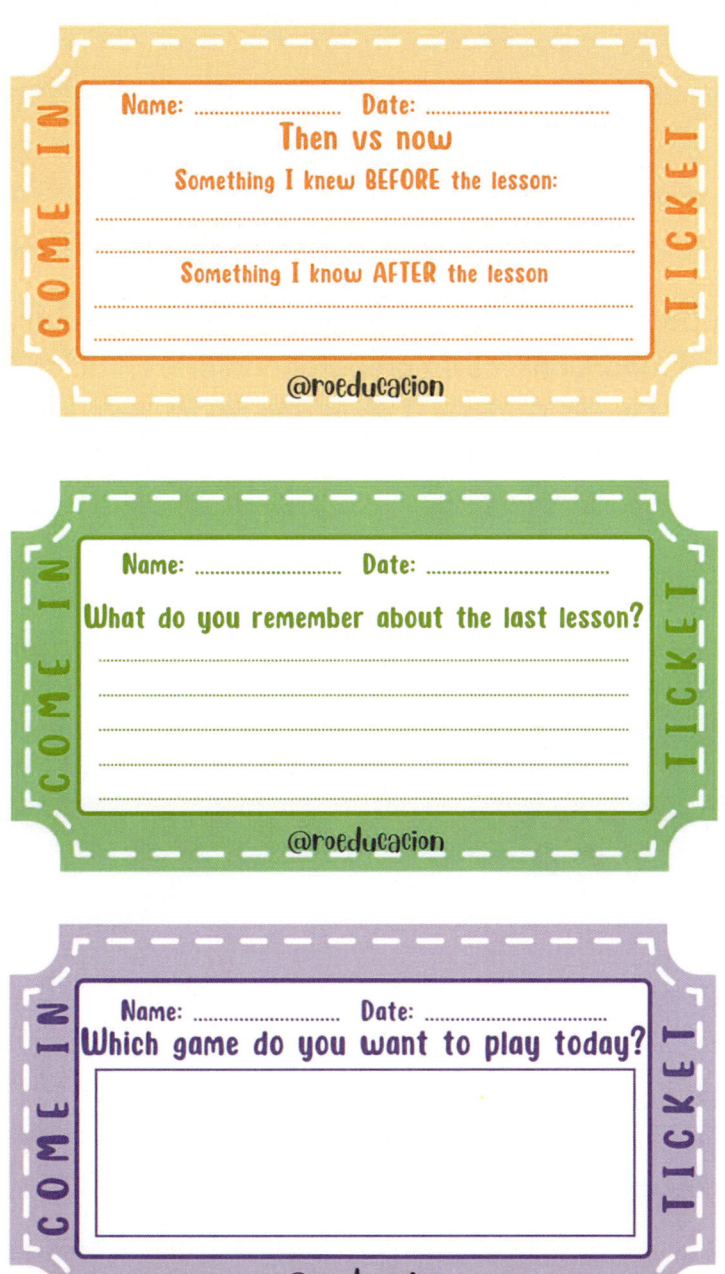

COME IN

Name: .... Date: ....

Then vs now

Something I knew **BEFORE** the lesson:

....

....

Something I know **AFTER** the lesson

....

....

TICKET

@roeducacion

COME IN

Name: .... Date: ....

What do you remember about the last lesson?

....

....

....

....

....

TICKET

@roeducacion

COME IN

Name: .... Date: ....

Which game do you want to play today?

TICKET

@roeducacion

WORDVISION (ESO y Bachillerato)

Un recurso súper fácil de hacer y que se puede adaptar a cualquier tema que estemos dando. Consiste en preparar una presentación (puede ser con PowerPoint, Canva, Genially...) en la que aparecerá una palabra en cada diapositiva. También podemos hacer tarjetas e imprimirlas, o usar las galletas de la actividad 5.

Esta actividad consiste en hablar introduciendo las palabras que vayan saliendo, pero sin cortar la frase. La dificultad está en enlazarlo todo de manera que tenga sentido. Podemos hacerlo en grupo o de uno en uno. ¡Las risas están aseguradas!

LET'S PLAY
(3º ciclo de EPO, ESO y Bachillerato)

Uno de los juegos perfectos para los primeros días de clase o antes de las vacaciones. Es un tablero con preguntas que se irán preguntando y respondiendo. Por ejemplo, siempre pregunta el de la derecha del alumno que ha tirado el dado y debe responder.

Con este juego practicamos *reading*, *listening* y *speaking*.

Let's Play!!

START	How old are you?	What is your favorite season?	Do you have a pet?	MISS A TURN	Do you like school?
What is your favorite song?	MOVE FORWARD 2 SPACES	Do you see romantic movies?	Do you like Chinese food?	How are you today?	FREE QUESTION
Who is your idol?	When is your birthday?	Do you practice any sport?	MISS A TURN	What is your favorite food?	Where do you want to travel?
What is your favorite holiday?	FREE QUESTION	What makes you happy?	Does money buy happiness?	Do you sing in the shower?	GO BACK 3 SPACES
Do you like English?	Are you a real fooder?	What is your favorite animal?	FREE QUESTION	What is your dream?	Do you like Italian food?
How many languages can you speak?	MOVE FORWARD 3 SPACES	What fruit do you hate?	Do you want to get married?	Are you a good student?	How old is your sister/brother?
What is your favorite movie?	MISS A TURN	What is your favorite TV show?	YOU WON!		

CARRERA DE LETRAS INGLESA
(2° y 3° ciclo de EPO)

Este juego está inspirado en el juego de Jack Degnan. Consiste en colocar los autobuses de letras en cada espacio de la carretera. Cogeremos una tarjeta y tendremos que formar esa palabra con los autobuses en orden. Por ejemplo "A: *a continent*", debo coger los autobuses que formen la palabra "*Africa*".

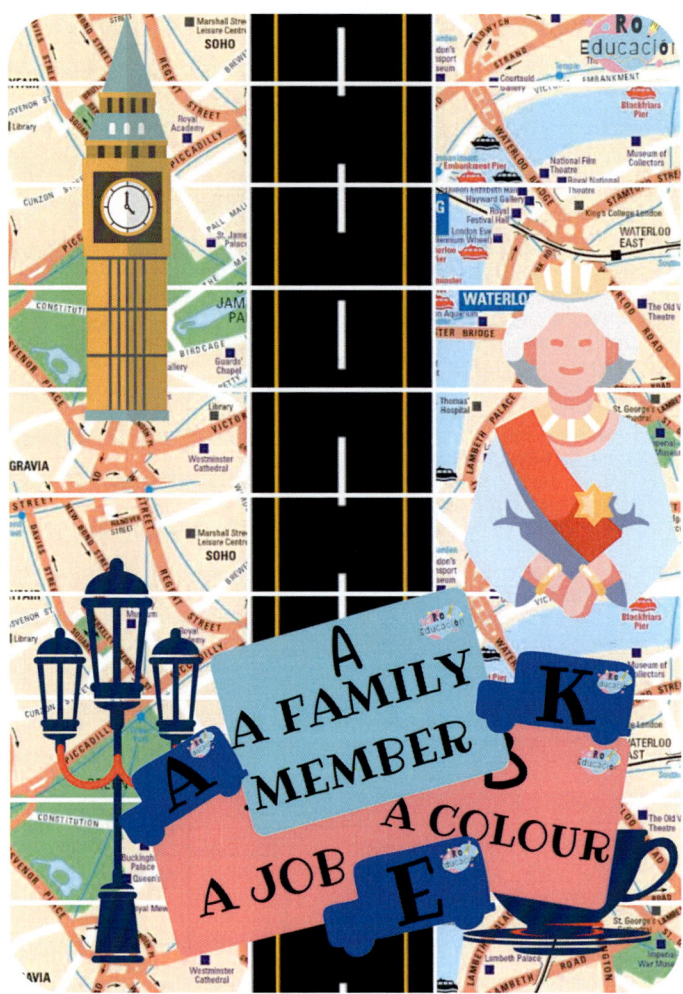

IN MY PICTURE (EPO)

Con este recurso practicamos, sobre todo, *speaking* mediante la descripción de lo que vemos. Consiste en recortar imágenes que meteremos dentro de la cámara. Pueden ser imágenes ya hechas por nosotros, o directamente algo que dibujen ellos. En parejas, tendrán que cambiar sus cámaras con las imágenes y describir lo que ven. El autor de esa imagen dirá si es correcto o no.

KABOOM

Un clásico. Este juego en el que predomina el vocabulario y es totalmente adaptable a cada tema que veamos en clase. Para ello, necesitaremos las fichas con el vocabulario a trabajar y palos de madera enumerados del 1 al 12. Además, habrá algunos palos sin número en los que escribamos "BOOM!" (yo suelo poner 3, pero eso es a elección propia según el número de alumnos que tengamos). Por equipos y turnos, cada alumno saca un palo. Si ha sacado el palo número 8, deberá decir lo que hay dentro del cuadrado 8 en la ficha. Si acierta, el equipo se lleva el palo, que equivale a un punto. Si no acierta, no se lleva el palo. En el caso de sacar BOOM!, el equipo perderá todos los palos que haya conseguido hasta el momento.

HOW'S THE WEATHER? (infantil)

Esta actividad consiste en colgar los elementos a un paraguas, de manera que repasemos el tiempo. Primero, empezamos nosotros cantando la canción *"How's the weather*? mientras giramos el paraguas. Cuando terminemos de decir *"how's the weather today*?", le señalamos uno de los elementos y los alumnos deben responder *"today is sunny!"*, según el elemento que le indiquemos. Después, son los alumnos los que cogen el paraguas y cantan la canción, de manera que lo practican todo de manera oral.

BUILD THE SENTENCE (EPO y ESO)

Con este recurso trabajaremos el *writing*. Consiste en escribir una frase introduciendo los tres elementos que aparezcan en la tarjeta que nos toque. Así, repasamos vocabulario, estructuras gramaticales y tiempos verbales.

BILINGÜISMO EN CASA

Muchos padres se preguntan cómo pueden ayudar a sus hijos en casa si ellos no saben o no tienen tanto nivel de inglés. Como ya se ha mencionado antes, en el caso de las asignaturas bilingües, no sirve de nada proporcionar el tema traducido al español. De este modo no solo no aprenden inglés, sino que memorizan en español, algo que tampoco nos interesa.

Además, aunque esto ocurra durante los primeros años escolares de sus hijos, lo ideal sería que los niños y adolescentes sigan en contacto con el inglés fuera del ámbito escolar e incluso al acabar la etapa de estudiante.

Es por esto por lo que, como docentes, debemos hacer partícipes a los padres en el proceso de aprendizaje del inglés de sus hijos. Muchos tendrán miedo, pero ahí es donde entramos nosotros para hacerles ver que no se necesita una certificación de nivel para poder introducir el inglés en casa, ni dar una cantidad infinita de deberes que al final crearán rechazo al idioma. Por supuesto, siempre hay que motivar a los estudiantes a que trabajen en casa y sigan estudiando. Pero hay otras opciones más allá del libro de texto o el "workbook".

A continuación, te dejo algunos recursos con los que se puede seguir en contacto con el idioma en casa sin necesitar deberes, un B2 ni al profesor.

Podemos empezar a introducirles lecturas en inglés desde que son muy pequeños. Empezando por los cuentos visuales y con pocas páginas, aunque no se tenga nivel de inglés, poco a poco se va viendo el resultado. Libros como *Pete the cat, The very hungry Caterpillar, Five little monkeys...*

Por supuesto, lo ideal es no abandonar esta rutina cuando son más mayores. Siempre teniendo en cuenta que el libro esté adaptado a su edad y nivel. Podemos dedicarle un tiempo al día a la lectura, algo que además nos sirve con la metodología del Reading Buddy que vimos en el capítulo 2, en el apartado 2.

CANCIONES

Otro recurso que no requiere ningún esfuerzo. Las canciones son una de las mejores maneras de aprender inglés. Al igual que con la lectura, si empiezan a escuchar canciones en inglés desde muy temprano, se les va haciendo el oído y en el futuro se verá el resultado. En casa, en el coche de camino al cole, a la hora de la ducha... Cualquier momento es bueno para escuchar música. Si además de escucharla, también le dedicamos un tiempo a prestarle atención a la letra y compararla con el español, veremos que los niños se interesan más por saber de qué habla el cantante y estarán motivados a aprender.

SERIES O PELÍCULAS

Lo mismo que con las lecturas y las canciones. Al ver una serie o película en inglés, aparte de adquirir nuevo vocabulario, no necesitan la traducción porque tienen ese mismo material de manera visual, por lo que ven todo lo que ocurre y pueden entenderlo. Es una buena rutina para escuchar diferentes acentos, la pronunciación de palabras nuevas, frases hechas, etc.

Como todo, debe estar adaptado a su edad e ir subiendo el nivel de dificultad conforme van creciendo.

JUEGOS DE MESA

También podemos empezar a comprar y coleccionar juegos de mesa en inglés, así sirve para toda la familia. Los juegos de *Brainbox* están muy bien para todas las edades. Tienen desde vocabulario básico hasta curiosidades de Londres o de la historia inglesa.

Obviamente, se necesita un previo nivel antes de empezar con los juegos de mesa. Podemos empezar introduciendo las tres opciones anteriores, y una vez se sientan cómodos con el idioma y tengan más interés por aprender, pasar a los juegos de mesa.

VIDEOJUEGOS

Aunque hay que usarlos con precaución y de una forma moderada, en el caso de tener o jugar a videojuegos, siempre tenemos la opción de ponerlos en inglés. No importa en qué dispositivo se juegue. Al ponerlo en inglés, repasarán lo que han visto en clase y aprenderán cosas nuevas que verán en el futuro, de modo que ya les resultará familiar cuando lo aprenda en el colegio.

ELEMENTOS VISUALES

Con esta idea te doy varios recursos que puedes poner por casa si tu hijo es pequeño. Además de organizarse, le ayudará a aprender y repasar el inglés en casa. Desde un calendario semanal con la rutina mensual hasta poner una tarjeta con el nombre del objeto.

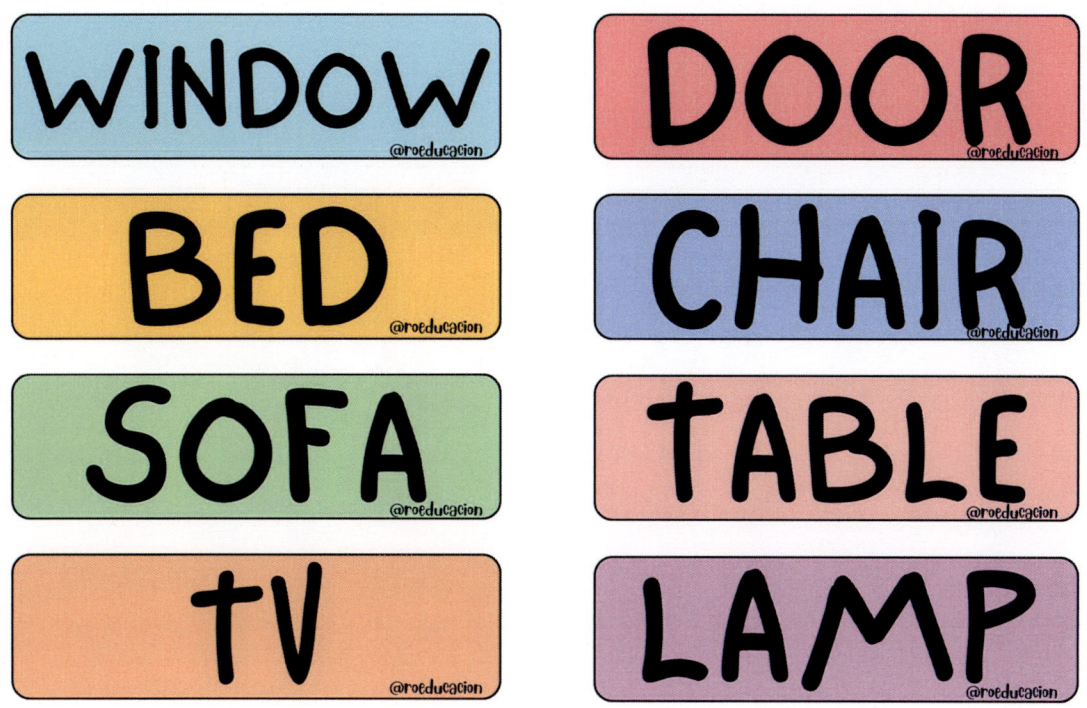

Todo esto ayuda a que el niño identifique el objeto en su idioma materno además del que aprende, en este caso, el inglés. Puedes acceder a estos recursos con el código QR del capítulo 7.

CONCLUSIÓN Y REFLEXIÓN

Una vez llegados a este punto, me gustaría recalcar la importancia de que el alumno esté motivado a aprender. Sin motivación, no hay buenos resultados y no hablo solo de los académicos, hablo de los buenos resultados que obtenemos cuando un niño se siente cómodo en un contexto, cuando le motiva ir a clase, cuando no tiene miedo a expresar sus sentimientos ni a comunicarse tanto en su lengua materna como en la extranjera.

Tenemos una gran responsabilidad como docentes, nos pasamos el día trabajando con personitas que están en pleno desarrollo, no importa si tienen 3 o 15 años. Todos son igual de importantes y todos merecen sentirse cómodos. ¿A cuánta gente conocéis que odie o le dé miedo el inglés? Puede pasar que no te guste una asignatura porque no se te da bien, pero ahí está la clave de la figura docente.

Siempre va a haber algún alumno al que no le guste, no se le dé bien o no quiera aprender nada del idioma. Todos sabemos que eso requiere un reto, pero, con esfuerzo, trabajo, mucha empatía y atención, te prometo que puedes lograr que ese alumno que al principio de curso te decía que odiaba tu asignatura, al final adore ir a tus clases.

Aquello de aprender con un libro de texto y una ficha de 10 o 15 ejercicios se quedó en el pasado. Ahora, aprender jugando y de una manera dinámica hace que los alumnos aprendan más y mejor. No solo salen del colegio sabiendo leer en inglés (como pasaba antes), ahora son capaces de usar y aplicar todas las destrezas.

Espero que este libro te haya dado muchas ideas, seas profe, padre, madre o ambas. Ojalá tus alumnos y tus hijos sientan interés por el idioma. Pero, sobre todo, ojalá siempre se sientan bien en clase y nunca tengan miedo a usar el idioma.

AGRADECIMIENTOS

Cuando pienso en dar las gracias, se me viene muchísima gente a la cabeza, pero supongo que debo empezar por el principio.

Gracias a mi familia, mis tías y primos/as por confiar en mí cuando no había acabado ni la universidad. Por confiar en aquellas clases particulares a domicilio y luego en mi habitación, haciendo de ella una mini clase donde dar lo mejor de mí. Aprendí muchas cosas de aquellas horas de clase, pero, sobre todo, me di cuenta de lo que tenía que hacer para ser feliz: ser docente.

Gracias a mis padres y a mi hermana, por ayudarme a recortar tantos materiales sin quejarse y por aguantar horas y horas escuchándome dar clases o cantar a pleno pulmón en inglés.

Gracias a mis profes, aquellos que realmente me marcaron y de los que aún me acuerdo cuando doy clase intentando que mis alumnos se sientan igual de cómoda que me sentí yo en aquellas clases. Sobre todo, gracias a Marina y a Susana, unas profesoras muy humanas que priorizan los sentimientos antes que la enseñanza.

Gracias a los compañeros que me he cruzado por el camino, de los que he aprendido muchísimo e hicieron que mi comienzo en esta profesión fuese más fácil. Sobre todo, gracias a Lucía, la que descubrí en aquel campamento eterno y acabó pasando de ser una compañera a ser una gran amiga.

Gracias a "mis niños", como yo los llamo. Gracias a todos los alumnos que me he cruzado por el camino, con los que he reído, disfrutado y, sobre todo, aprendido.

Por último, pero, sobre todo, el más importante, gracias a mi compañero de vida. A ese que me apoya en cada oportunidad que surge, al que me anima a seguir todas las locuras que se me ocurren, al que me pone los pies en la tierra cuando lo necesito, pero me recuerda que puedo conseguir lo que quiera. Nada sería lo mismo sin tu apoyo, de verdad, gracias.

RECURSOS DESCARGABLES

TRiViA

DECORACIóN AULA

wRiTE THE woRD

AYUDA ViSUAL

THE COOKiE JAR (

COME iN TiCKETS

FLiPBOOKS

woRDviSion

LET'S PLAY!

IN MY PICTURE

CARRERA DE LETRAS

KABOOM

HOW'S THE WEATHER?

WEEKLY PLANNER

BUILD A SENTENCE

HOUSE OBJECTS

HOPE YOU LOVE IT!

BIBLIOGRAFÍA

Degnan, J. (2009) *Carrera de letras* [Juego de mesa]. Lúdilo.

Sabuco, A. (2020) *Próxima estación: aprendizaje. 30 estrategias y buenas prácticas docentes para todo el alumnado.* Autoedición.

Ur, P. (2012). *A Course in English Language Teaching: A completely revised and updated edition. Paperback.* Klett Sprachen.